DON BOSCO

Andrea Erkert

Die 50 besten Spiele zu Alltagskompetenzen

in Kita, Vorschule und Grundschule

DON BOSCO

MiniSpielothek

**Gerne nehmen wir Ihre Anregungen,
Wünsche, Kritik oder Fragen entgegen:**
Don Bosco Medien GmbH, Sieboldstraße 11, D-81669 München
anregungen@donbosco-medien.de
Servicetelefon +49(0)89 4 80 08-3 41

Bibliografische Information der Deutschen Nationalbibliothek

Die Deutsche Nationalbibliothek verzeichnet diese Publikation in der Deutschen Nationalbibliografie; detaillierte bibliografische Daten sind im Internet über http://dnb.d-nb.de abrufbar.

klimaneutral gedruckt
www.klima-druck.de
ID-Nr. 23149729
bvdm.

1. Auflage 2024 / ISBN 978-3-7698-2573-2

Umschlag: Don Bosco Medien GmbH, München
Umschlaggrafik: katerina_dav/stock.adobe.com
Layout: Alexandra Paulus
Satz: Don Bosco Medien GmbH, München
Druck: Don Bosco Druck & Design, Ursensollen
Gedruckt auf umweltfreundlichem Papier

Inhalt

Solange deine Kinder
klein sind, gib ihnen Wurzeln;
wenn sie größer werden,
schenk ihnen Flügel.

Khalil Gibran

Den Alltag meistern

Schuhe anziehen

Die Kinder bilden Zweierteams, ziehen ihre Schuhe aus und verteilen sie auf dem Boden. Die Zweierteams stellen sich dann in einer Reihe mit dem Rücken direkt vor einer Wand auf und laufen schließlich auf Zuruf der Spielleitung los, um schnell ihre Schuhe zu holen. Diejenigen Kinder, die ein Paar bilden, dürfen sich gegebenenfalls auch beim Anziehen und Binden der Schuhe gegenseitig helfen. Welches Zweierteam wird wohl am schnellsten die Aufgabe erfüllen?

Im Anschluss an diese Runde bilden die Kinder neue Zweierteams und wiederholen das Spiel. Auf diese Weise können beliebig viele Spielrunden durchgeführt werden.

Material

für jedes Kind ein Paar Schuhe mit Schnürsenkeln

So mache ich mich startklar

Der Erste sagt: Ich ziehe meine Jacke aus.

Eine Faust bilden und den Daumen …

Der Zweite sagt: Ich ziehe meine Schuhe aus.

den Zeigefinger …

Der Dritte sagt: Ich ziehe meine Hausschuhe an.

den Mittelfinger …

Der Vierte sagt: So fängt der Tag in der Kita (oder: Schule) an.

den Ringfinger und …

Der Fünfte sagt: Und was geschieht vor dem Nachhausegehen?
Wer das wohl weiß, werden wir nun sehen!

… schließlich den kleinen Finger ausstrecken

Im Anschluss daran sollen die Kinder sagen, was sie tun, bevor sie nach Hause gehen. Dementsprechend heißt es dann: Jacke anziehen, die Hausschuhe ausziehen und die Straßenschuhe wieder anziehen.

Simsalabim – ein Schuhknoten

Die Kinder ziehen sich Schuhe mit Schnürsenkeln an und bilden Zweierteams. Das erste Kind stellt sich mit den geöffneten Schnürsenkeln direkt vor das zweite Kind, das sich vor ihm hinkniet. Sobald alle Zweierteams startklar sind, binden die knienden Kinder den stehenden passend zu dem Text, den die Spielleitung vorliest, den linken Schuh:

Das ist die erste Schlange.
linken Schnürsenkel am losen Ende hinten anfassen
Das ist die zweite Schlange.
rechten Schnürsenkel am losen Ende hinten anfassen
Sie kriechen aufeinander zu
und überkreuzen sich im Nu.
beide Schnürsenkel überkreuzen
Die eine kriecht unter der anderen durch.
Das Ganze beobachtet ein kleiner Lurch.
den vorderen Schnürsenkel unten dem anderen durchschieben

„Ojemine!", hört man den Lurch sagen.
Verknoten sie sich? Das ist die Frage!

beide Schnürsenkel gleichzeitig anziehen und die Frage beantworten

Danach wird das Ganze mit dem rechten Schuh wiederholt, bevor die Kinder ihre Rollen tauschen.

Variation

Jedes Kind kniet sich auf den Boden hin und darf mithilfe des Textes erst die beiden Schnürsenkel von seinem linken und schließlich die von seinem rechten Schuh verknoten.

Material

für jedes Kind ein Paar Schuhe mit Schnürsenkeln

Simsalabim – eine Schleife

Für dieses Spiel benötigen die Kinder jeweils ein Paar Schuhe mit Schnürsenkeln. Sie bilden einen Kreis, knien sich auf den Boden und machen einen einfachen Schuhknoten, während die Spielleitung den Text vorliest:

Mit zwei Schnürsenkeln Ohren machen ist nicht schwer.
Erst der eine, dann der andere! Schaut mal her!

linken Schnürsenkel zu einer Schleife formen und mit der linken Hand festhalten; mit dem rechten Schnürsenkel das Ganze wiederholen

Das erste Ohr legen wir über das zweite und hinter diesem dann.
Das erste Ohr führen wir durch das Loch und ziehen beide kräftig an.

eine Schleife über die andere legen, diese dann hinter der anderen und schließlich durch das entstandene Loch führen

Simsalabim! Und was geschieht dann?
So verknoten sie sich irgendwann.

beide Schleifen übereinanderlegen und miteinander verknoten

Schöne Schleife haben wir nun gemacht!
Oha! Das klappt gut! Hättest du das gedacht?
vor Freude in die Hände klatschen

Im Anschluss daran wiederholen die Kinder das Ganze mit ihrem zweiten Schuh.

Material

für jedes Kind ein Paar Schuhe mit Schnürsenkeln

Variation mit einer Schleife

Die Spielleitung kann auch die Kinder bitten, einen Fuchsbau zu machen. Dafür bilden sie eine Schleife mit den rechten Schnürsenkel, den sie mit Daumen, Zeige- und Mittelfinger festhalten. Der Fuchs schleicht dann um seine Höhle bzw. die Schlinge herum. Er kriecht schließlich durch das entstandene Loch, sodass eine weitere Schlinge entsteht. Danach bittet die Spielleitung die Kinder, beide Schlingen zu greifen und fest anzuziehen. Auf diese Weise haben alle einen schön gebundenen Schuh.

Wetterbericht

Die Spielleitung stellt mit genügend Abstand zueinander jeweils ein Paar Sandalen, Gummi - und Winterstiefel auf dem Boden ab und holt sich eine Handtrommel.
Auf das Kommando der Spielleitung laufen alle Kinder kreuz und quer im Raum herum. Das geht jedoch nur so lange, bis ein kräftiger Trommelwirbel erfolgt. Daraufhin bleiben alle Kinder sofort stehen. Je nachdem, ob die Spielleitung schönes, regnerisches oder eisiges Wetter ankündigt, dürfen sich die Kinder bei Sonnenschein vor den Sandalen, bei Regenwetter vor den Gummistiefeln und bei Eis und Schnee vor den Winterstiefeln versammeln.
Eines von denjenigen Kindern, die sich rasend schnell richtig positionieren konnten, erhält nun von der Spielleitung die Trommel, um in der nächsten Spielrunde genauso das Wetter anzukündigen.
Auf diese Weise finden noch ein paar Durchgänge statt.

Material

jeweils ein Paar Sandalen, Gummi- und Winterstiefel, Handtrommel

5

Auf die Jacken, fertig, los!

Bei dem folgenden Spiel lernen bereits die Kleinsten, innerhalb von wenigen Sekunden ihre Jacken anzuziehen. Der folgende Jacken-Trick stammt von der Pädagogin Maria Montessori, deren Leitmotiv für ihr Erziehungskonzept lautete: „Hilf mir, es selbst zu tun."

Zu Beginn holen die Kinder ihre Jacken und legen sie auf dem Tisch ab mit der Innenseite nach oben. Die Kapuze oder der Kragen zeigt in ihre Richtung. Sobald das Startkommando „Auf die Jacke, fertig, los!" erfolgt, greifen die Kinder über das Kopfteil, um die Hände in die Jackenärmel zu stecken. Danach heben sie ihre Jacke vom Tisch an und schwingen sie über den Kopf. Die Jacke fällt ohne viel Zutun über den Rücken. Wer hat wohl als Erster seine Jacke an?
Das Jacken-Spiel kann zur Freude der Kinder so noch ein paarmal durchgeführt werden.

Material

für jedes Kind eine Jacke

Löffel, Gabel und Messer

Die Kinder sitzen im Kreis und überlegen, wozu man einen Löffel gebrauchen kann. Eines von den Kindern, das gerne anfangen möchte, erhält von der Spielleitung einen Löffel und sagt zum Beispiel:
„Mit einem Löffel kann ich eine Suppe auslöffeln!“
Danach übergibt es den Löffel an das Kind, das links neben ihm im Kreis sitzt. Es darf nun den anderen mitteilen, wofür man einen Löffel noch verwenden kann (Eis essen, Soße essen, Pudding essen, den Zucker im Tee umrühren, ...). Das Spiel geht so lange weiter, bis der Löffel wieder beim ersten Kind angekommen ist.
Auf die gleiche Weise setzen die Kinder das Spiel dann mit einer Gabel und schließlich mit einem stumpfen Messer fort. Dabei halten sie die abgerundete Messerspitze stets nach unten.

Material

ein Löffel, eine Gabel und ein stumpfes Messer

Reißverschluss öffnen

Für dieses Spiel dürfen alle Kinder Windbreaker-Jacken anziehen, den durchgehenden Reißverschluss von ihren Jacken mit oder ohne Hilfe schließen und sich im Kreis aufstellen. Während nun die Spielleitung den Text vorliest, machen alle Folgendes:

Wir fahren mit dem Zug am Nordbahnhof ab.
Der Bummelzug fährt und fährt und macht nicht schlapp!

den Schieber am Reißverschluss anfassen und über die Zähne langsam von oben nach unten ziehen

Am Südbahnhof steigen wir alle aus.
Bald geht's wieder zum Nordbahnhof nach Haus'.

am Schluss den Reißverschluss öffnen

Danach dürfen sie den Reißverschluss wieder zumachen. Dabei startet die „Zugfahrt“ am „Südbahnhof“ und endet am „Nordbahnhof“. Passend dazu nehmen die Kinder das gegenüberliegende Ende des Reißverschlusses und führen es bis zum unteren Anschlag des Schiebers ein. Indem die Kinder ihre Jacken mit der anderen Hand fest und gerade halten, können sie den Schieber besonders gut nach oben ziehen.

Material

für jedes Kind eine Windbreaker-Jacke mit durchgehendem Reißverschluss

8

Zahnputzkolonne

Die Kinder holen ihre Sachen zum Zähneputzen, die sie auf den Rand des Waschbeckens stellen. Sie krempeln ihre Ärmel – falls vorhanden – hoch, öffnen ihre Zahnpastatube und nehmen ihre Zahnbürste in die Hand. Die Spielleitung dreht den Wasserhahn leicht auf. Während die Kinder ein wenig Wasser in den Becher füllen, bleibt die Zahnbürste in der Hand. Sie spülen ihren Mund mit Wasser aus, machen die Zahnbürste etwas nass und geben einen großen Tupfen Zahnpasta darauf. Die Spielleitung liest nun den Text zum Zähneputzen vor:

Hurra! Hurra! Hurra! Hurra!
Die Zahnputzkolonne ist da!
Als Erstes sind alle Kauflächen dran.
Mit der Bürste geht's hin und her und dann?

mit kurzen Hin- und Her-Bewegungen alle Kauflächen putzen

Die Außenflächen sind nun dran
Schöne kleine Kreise, und was dann?

mit kreisenden Bewegungen die Zahnaußenflächen putzen

Die Innenflächen sind nun dran.
Von Rot nach Weiß fegen - ja und dann?

mit kleinen Drehbewegungen die Innenflächen vom Zahnfleisch zum Zahn reinigen
Antwort: *Den Mund mit Wasser ausspülen.*

Am Schluss spülen alle Kinder ihren Mund mit Wasser aus und halten zum Reinigen ihre Zahnbürsten und Becher unter fließendes Wasser. Sie trocknen ihre Becher innen und außen ab; dann stellen sie ihre Zahnbürsten so hinein, dass der Kopf herausschaut.

Material

Für jedes Kind Zahnputzbecher und Zahnbürste (mit Namen beschriftetet), Zahnpasta

Hände waschen

Immer zwei bis drei Kinder stehen um ein Wachbecken herum und halten ihre Hände so lange unter fließendes Wasser, bis sie ordentlich nass sind. Während die Spielleitung nun den Text vorliest, machen alle Folgendes:

Wir seifen unsere Hände gründlich ein.
Zwischen den Fingern sollte das auch sein.
„Alle meine Entchen" singen wir vor Freude.
alle singen das altbekannte Kinderlied „Alle meine Entchen"
Am Schluss kommt das Händewaschen, liebe Leute!,
beor sie die Seife von ihren Händen mit Wasser spülen

Ziel ist es, dass alle Kinder lernen, mindestens 20 Sekunden für das Händewaschen zu investieren, um sich vor Infektionen zu schützen.

Material

(pH-neutrale) Flüssigseife

Sicher im Straßenverkehr

Bei Rot bleibe stehen

Die Spielleitung holt sich zwei runde Faltpapiere und stellt sich mit dem Rücken vor eine Wand. Die Kinder stehen in einer Reihe direkt gegenüber, ebenfalls mit dem Rücken zur Wand. Zu Beginn hebt die Spielleitung das grüne runde Faltpapier in die Luft. Die Kinder vergewissern sich, ob die „Fahrbahn“ frei ist, indem sie erst nach links, dann nach rechts und wieder nach links schauen. Ist die Fahrbahn frei, laufen alle so lange zügig in Richtung der gegenüberliegenden Wand, bis die Spielleitung das rote Faltpapier in die Luft hält. Die Kinder stoppen abrupt und bleiben stehen. Eines von denjenigen Kindern, denen das besonders schnell gelingt, darf mit der Spielleitung den Platz tauschen. Im Anschluss daran beginnt das Spiel von vorne.

Material

grünes und rotes rundes Faltpapier (Durchmesser ca. 15 cm)

Verkehrsteil-nehmer*innen

Die Kinder bilden einen Sitzkreis und überlegen, wer alles am Straßenverkehr teilnimmt. Eines von ihnen holt sich einen Softball und fängt an, indem es zum Beispiel sagt: „Fahrradfahrer und Fahrradfahrerinnen nehmen am Straßenverkehr teil!“
Danach rollt es den Ball einem anderen Kind zu, das nun ein weiteres Beispiel benennt. Auf diese Weise geht es immer weiter, bis alle Kinder einmal an der Reihe gewesen sind und sich dazu äußern konnten. Ziel ist es, die Kinder darauf aufmerksam zu machen, wie viele verschiedene Verkehrsteilnehmer*innen gerade unterwegs sein können (Lastwagen, Taxi, Bus, Straßenbahn, Wohnwagen, Motorrad, Fußgänger*innen, ...).

Auf der Straße ist viel los

Das Spiel verläuft so ähnlich wie das altbekannte Spiel „Mein rechter, rechter Platz ist frei bzw. leer“. Die Kinder bilden einen Stuhlkreis, wobei die Spielleitung noch einen zusätzlichen Stuhl in den Kreis stellt. Sobald alle Kinder im Kreis beisammen sind, darf dasjenige Kind links vom freien Stuhl beginnen, indem es laut sagt:

„Auf der Straße ist unglaublich viel los.
Vorsicht! Was für ein Fahrzeug ist das bloß?“

Dabei tippt es die ganze Zeit mit den Fingern oder der Hand auf den freien Stuhl rechts neben ihm. Danach benennt es ein beliebiges Kind namentlich, das zum Beispiel laut sagt: „Ein Feuerwehrauto!“ Passend dazu läuft es mit viel „Tatütata!“ in Richtung des freien Stuhls. Konnte das Kind „einparken“, also auf dem freien Stuhl Platz nehmen, darf das nächste Kind, dessen linker Platz nun frei geworden ist, den Spruch erneut aufsagen und ein anderes Kind zu sich herholen, das zum Beispiel ein Motorrad benennt und passend dazu das Motorengeräusch macht.

Auf diese Weise kann das Spiel nach Herzenslust weitergeführt werden.

Zebrastreifen

Die Kinder sitzen im Stuhlkreis und machen das folgende Fingerspiel:

Der Erste sagt: Zebrastreifen, Zebrastreifen.
Wie kann ich dich je begreifen?
eine Faust bilden, Daumen hoch
Der Zweite sagt: Du kannst dort sicher über die Straße gehen.
Aber Stopp! Erst vergewissern und nicht gleich losgehen!
Halten die Fahrzeuge am Zebrastreifen an.
*Dann sind wir alle als Fußgänger*innen dran.*
mit der anderen Hand eine Faust bilden, Daumen hoch
Beide sagen: Zebrastreifen, Zebrastreifen.
Ich kann dich jetzt gut begreifen!
beide Daumen hoch

Vorsicht und Rücksicht

Die Spielleitung erklärt den Kindern, dass alle Verkehrsteilnehmer*innen Vorsicht walten lassen und aufeinander Rücksicht nehmen müssen. Auf diese Weise werden Verkehrsunfälle verhindert.

Die Kinder probieren das aus, indem sie als Fußgänger*innen auf einem überschaubaren Spielfeld kreuz und quer herumgehen, und zwar ohne einander zu gefährden, zu behindern oder gar zu belästigen. Das geht so lange, bis ein kräftiger Trommelwirbel durch die Spielleitung erfolgt. Daraufhin bleiben die Kinder stehen und tun auf Anweisung der Spielleitung so, als ob sie mit dem Fahrrad unterwegs wären. Passend dazu dürfen sich die Kinder schneller als in der vorherigen Spielrunde bewegen.

Auf diese Weise finden noch ein paar Spielrunden statt, bei denen die Kinder auf Anweisung der Spielleitung zum Beispiel mit dem Roller, dem Motorrad oder gar mit dem Pkw unterwegs sein dürfen.

Material

Handtrommel

Am Bordstein

Während die Kinder sich auf einem überschaubaren Spielfeld verteilen, holt die Spielleitung eine Trommel. Danach sagt sie Folgendes:

„Um über eine Fahrbahn zu gehen, bleibe ich gleich am Bordstein stehen.
Ich muss erst nach links, dann nach rechts, dann wieder nach links sehen!“

Konnten die Kinder sich vergewissern, dass die „Fahrbahn“ frei ist, gehen sie ein paar Schritte geradeaus; anschließend laufen sie wieder kreuz und quer auf dem Spielfeld herum. Erfolgt ein kräftiger Trommelschlag, bleiben die Kinder sofort „am Bordstein“ stehen.
Auf diese Weise kann das Bordstein-Spiel noch beliebig oft wiederholt werden.

Material

eine Handtrommel

Helle und dunkle Farben

Die Spielleitung legt auf einem Tisch ein großes schwarzes Tonpapier aus und holt sich ein paar helle und dunkle Farbkreise. Sitzen alle Kinder um den Tisch herum, erklärt sie ihnen, dass helle Kleidung insbesondere bei schlechtem Wetter und bei Dunkelheit viel besser von anderen Verkehrsteilnehmer*innen gesehen werden kann. Sie erhöht genauso wie Reflektoren die Sichtbarkeit und die Sicherheit, sodass Verkehrsunfälle vermieden werden können.
Im Anschluss daran hält die Spielleitung einen gelben Kreis in die Luft. Diejenigen Kinder, die der Meinung sind, dass es sich um eine helle Farbe handelt, heben den Daumen hoch. Ansonsten zeigen sie mit dem Daumen einfach nach unten. Zur Kontrolle legt die Spielleitung den gelben Kreis auf das große schwarze Tonpapier, sodass alle erkennen können, wie gut die Farbe Gelb gerade auch an trüben Tagen leuchtet. Danach legt die Spielleitung den gelben Kreis beiseite und setzt das Spiel auf die gleiche Weise zum Beispiel mit einem schwarzen Kreis fort.
Das Farbenspiel kann so beliebig lange weitergeführt werden.

Material

großes schwarzes Tonpapier, einfarbige runde Tonpapiere in Weiß, Gelb, Orange, Rosa, Hellgrün, Schwarz, Dunkelblau, Dunkelbraun, Dunkelrot und Dunkelgrün (Durchmesser ca. 15 cm)

Sicher unterwegs

Während die Kinder im Stuhlkreis sitzen, dunkelt die Spielleitung den Raum etwas ab. Ein Kind, das gerne beginnen möchte, zieht die Sicherheitsweste an und stellt sich vor seinen Stuhl. Dabei erklärt die Spielleitung den Kindern, dass Erwachsene in ihrem Fahrzeug für jeden Mitfahrer/jede Mitfahrerin eine Sicherheitsweste dabei haben müssen, die sie dann während einer Panne oder nach einem Unfall tragen müssen, damit die anderen Verkehrsteilnehmer*innen sie gerade auch bei Dunkelheit gut sehen können.
Das Kind tut nun so, als ob es vor einem Bordstein stehen würde und die Fahrbahn überqueren möchte. Das Kind schaut erst nach links, dann nach rechts und wieder nach links. Ist die „Fahrbahn“ frei, geht es in Richtung Innenkreis direkt zu einem Kind, um es zu begrüßen. Es übergibt dem Kind seine Sicherheitsweste und stellt sich zu dem Kind auf die Kreisbahn. Sobald das ausgewählte Kind die Weste angezogen hat, beginnt das Spiel von vorne.
Das Spiel ist aus, sobald alle Kinder einmal die Sicherheitsweste angezogen, die „Fahrbahn“ überquert und letztendlich ein anderes Kind aufgesucht haben.

Material

Kinder-Sicherheitsweste bzw. Leucht-, Reflektor-, Signal- oder Warnweste

Verkehrszeichen

Die Kinder sitzen um einen Tisch herum, auf dem die Spielleitung verdeckt acht Karten mit jeweils einem Verkehrsschild legt, das für Kinder als Verkehrsteilnehmer*innen besonders relevant ist.
Ein Kind beginnt und dreht eine Karte um, auf der zum Beispiel das rot umrandete Verbotsschild für Fußgänger*innen zu sehen ist. Wissen die Kinder, dass sie hier nicht entlanggehen dürfen? Das Schild wird meist dann aufgestellt, wenn ein Weg beispielsweise in Richtung einer anderen großen Straße verläuft und es dort sehr gefährlich ist. Konnten sich die Kinder darüber austauschen, ruft das vorherige Kind ein anderes auf, das eine weitere Karte umdreht. Darauf ist beispielsweise ein Zebrastreifen abgebildet, der auch Fußgängerüberweg genannt wird. Auf diese Weise werden nach und nach auch alle übrigen Karten umgedreht.

Material

Acht Bilder, auf denen die folgenden Verkehrszeichen abgebildet sind: „Verbotsschild Fußgänger*in“, „Fußgängerüberweg“ (Zebrastreifen), „Sonderweg Fußgänger“, „Sonderweg für Radfahrer“, „Fußgängerzone“, „Gemeinsamer Geh- und Radweg“, „Getrennter Geh- und Radweg“, „Verkehrsberuhigter Bereich“/“Spielstraße“

Erst anschnallen, dann starten

Die Kinder sitzen im Stuhlkreis, ballen eine Hand zur Faust und führen das folgende Fingerspiel durch:

Das ist der Vater. Er legt den Sicherheitsgurt an.
Daumen hoch und dann so tun, als ob man den Sicherheitsgurt anlegen würde
Das ist die Mutter. Sie legt den Sicherheitsgurt an.
Daumen und Zeigefinger ausstrecken und dann so tun, als ob man den Sicherheitsgurt anlegen würde
Das ist der Bruder. Er legt den Sicherheitsgurt an.
Daumen, Zeige- und Mittelfinger ausstrecken und dann so tun, als ob man den Sicherheitsgurt anlegen würde
Das ist die Schwester. Sie legt den Sicherheitsgurt an.
Daumen, Zeige-, Mittel- und Ringfinger ausstrecken und dann so tun, als ob man den Sicherheitsgurt anlegen würde
Und das bin ich. Was mache ich vor der Autofahrt dann?
Den Sicherheitsgurt anlegen!
Sicher angeschnallt fahren alle los,
ob in Limousinen oder Cabrios!

Daumen in die Höhe strecken und so tun, als ob man ein Fahrzeug lenken würde

Auf den Körper hören

Aufgescheuchtes Huhn

Alle Kinder laufen ähnlich wie aufgescheuchte Hühner kreuz und quer auf einem übersichtlichen Spielfeld herum. Das geht so lange, bis ein kräftiger Trommelschlag durch die Spielleitung erfolgt. Die Kinder beruhigen sich und gehen nun im Schritttempo auf dem Spielfeld herum. Dabei sagt die Spielleitung laut:

„Wer herumrennt wie ein aufgescheuchtes Huhn, der muss irgendwann auch wieder langsam tun!“

Nach einiger Zeit erfolgt ein weiterer Trommelschlag durch die Spielleitung. Die Kinder bleiben stehen und lauschen den Worten der Spielleitung, die ihnen sachlich erklärt, wie wichtig Pausen und Ruhephasen im Tagesablauf sind. Denn wer sehr häufig unter Stress plan- und ziellos handelt, wird früher oder später erschöpft und kraftlos sein.

Material

Handtrommel

So fühle ich mich wohl

Die Kinder sitzen im Kreis und überlegen, was sie brauchen, damit sie sich wohlfühlen können. Sobald ein paar gute Antworten genannt wurden, wie zum Beispiel ein Fitnessfrühstück, viel Sport, ein paar tolle Freunde oder der Zusammenhalt der Familie, darf ein Kind in die Kreismitte treten und zum Beispiel so tun, als ob es schlafen würde.

Die übrigen Kinder beobachten das Kind genau und sollen herausfinden, was das Kind braucht, damit es sich wohlfühlen und gut in den neuen Tag starten kann. Wenn die richtige Antwort gegeben wurde, die in diesem Fall „Ausreichend Schlaf!“ lautet, dann darf ein anderes Kind den Platz mit dem Kind in der Kreismitte tauschen. Danach kann das betreffende Kind zum Beispiel so tun, als ob es joggen würde.

Auf diese Weise können noch viele Sachen pantomimisch vorgestellt werden, die den Kindern verdeutlichen, was sie gesund und glücklich macht.

Viel Wasser trinken

Die Kinder sitzen im Kreis und überlegen, warum sie möglichst viel Wasser trinken sollten. Eines der Kinder holt sich eine leere Wasserflasche, stellt sich zu den anderen in den Kreis und sagt zum Beispiel: *„Ich trinke viel Wasser, damit ich mich besser konzentrieren kann!“* Danach geht das Kind in Richtung Innenkreis, um mit einem anderen Kind den Platz zu tauschen. Es übergibt ihm die leere Wasserflasche, und das Kind sagt nun zum Beispiel: *„Ich trinke viel Wasser, damit mein Körper reibungslos funktionieren kann!“* Auf diese Weise wird das Flaschenspiel so lange fortgesetzt, bis möglichst alle Kinder einmal zu Wort gekommen sind.

Zum Schluss können die Kinder überlegen, was sie außer Wasser (mit oder ohne Kohlensäure) noch trinken können, um fit und munter zu bleiben, etwa mit Wasser gemischter Apfel- und Orangensaft oder einfach Tee ohne Zucker.

Material

leere Wasserflasche

Weißt du, was du brauchst?

Die Kinder sitzen im Kreis und machen das folgende Fingerspiel:

Der Erste sagt: Ich gähne wirklich sehr.
linker Daumen hoch und gähnen
Der Zweite sagt: Du musst schlafen viel mehr!
rechter Daumen hoch und schnarchen
Der Erste sagt: Mein Magen knurrt so sehr.
linken Daumen in der Luft zappeln lassen und knurren
Der Zweite sagt: Du musst essen viel mehr!
rechten Daumen in der Luft zappeln lassen und schmatzen
Der Erste sagt: Ich schwitze wirklich sehr.
linken Daumen in der Luft zappeln lassen und den „Schweiß“ von der Stirn wischen
Der Zweite sagt: Du musst trinken viel mehr!
rechten Daumen in der Luft zappeln lassen und so tun, als ob man aus einer Flasche trinken würde
Beide sagen:
Hört auf euren Körper, dann geht’s euch gut.
Dann habt ihr viel mehr Power, Kraft und Mut.
beide Daumen hoch

Patschnass

Die Kinder sitzen im Kreis. Die Spielleitung liest den Text vor, und die Kinder machen dazu folgende Gesten und Bewegungen:

Es regnet. Ich bin patschnass.
Das ist schon ganz schön krass.

mit den Fingerspitzen auf den Kopf tippen

Was kann ich jetzt bloß machen?
Wohin mit all den nassen Sachen?

sich am Kopf kratzen

Ich ziehe mich ganz schnell um
Krank werden wäre sehr dumm.

so tun, als ob man erst die nassen Sachen ausziehen und dann die trockenen Sachen anziehen würde

Im Anschluss dran kann die Spielleitung die Kinder fragen, wann sie das letzte Mal patschnass geworden sind und deshalb vielleicht sogar gefroren haben. Wer möchte, darf den anderen auch mitteilen, was man in diesem Fall tun kann, etwa sich mit einem Handtuch trockenreiben, die Haare föhnen, die nassen Sachen in den Wäschetrockner geben.

Warm hüpfen

Die Kinder stellen sich im Kreis auf. Die Spielleitung erklärt ihnen, dass regelmäßige Bewegung nicht nur fit hält, sondern auch gegen Kälte und Frieren durchaus helfen kann. Sie regt den Kreislauf an, fördert die Durchblutung und wärmt so von innen. Passend dazu kann die Spielleitung nun zum Beispiel sagen:

„Wenn ich friere, hüpfe ich!
Macht ihr mit, dann freut es mich!"

Daraufhin hüpfen alle auf der Stelle und zählen bis zehn. Danach ist dasjenige Kind, das links neben der Spielleitung im Kreis steht, an der Reihe. Das betreffende Kind sagt zum Beispiel:

„Wenn ich friere, jogge ich!
Macht ihr mit, dann freut es mich!"

Das Kind joggt nun mit allen übrigen Kindern auf der Stelle. Dabei zählen alle erneut bis zehn. Das Spiel wird so lange fortgesetzt, bis die Spielleitung erneut an der Reihe ist.

Kälte, Hitze oder Regen

Auf einem Spielfeld werden ein paar Tische verteilt. Die Kinder laufen auf dem Spielfeld einzeln herum, bis ein Trommelschlag ertönt und die Spielleitung laut sagt: „Es ist so kalt!“ Die Aufgabe der Kinder besteht nun darin, einander zu umarmen. Anschließend laufen die Kinder wieder einzeln auf dem Spielfeld herum, bis abermals ein Trommelschlag zu hören ist. Falls nun die Spielleitung sagt: „Es ist so heiß!“, suchen sich alle einen Schattenplatz unter einem Tisch. Sollte die Spielleitung jedoch sagen: „Es regnet so stark!“, schützen alle ihren Kopf durch ein Dach, indem sie die Fingerspitzen aneinanderlegen und mit den Händen eine Spitze formen. Das Wetterspiel kann so beliebig oft fortgesetzt werden.

Material

Handtrommel

Manchmal hilft eine Umarmung

Die Kinder verteilen sich auf einem überschaubaren Spielfeld und dürfen auf Anweisung der Spielleitung so lange hüpfen, bis sie einmal kräftig trommelt. Daraufhin bleiben alle Kinder sofort stehen. Die Spielleitung kann dann zum Beispiel Folgendes sagen: „Wenn ich traurig bin, freue ich mich über eine Umarmung!“ Daraufhin umarmen sich die Kinder, die das gerne möchten, gegenseitig. Wenn dann die Spielleitung erneut trommelt, dürfen die Kinder beispielsweise so lange auf Zehenspitzen gehen, bis die Spielleitung abermals trommelt und sagt: „Wenn ich glücklich bin, möchte ich am liebsten die ganze Welt umarmen!“ Die Kinder, die gerne möchten, dürfen sich wieder gegenseitig kurz umarmen. Auf diese Weise kann das Spiel noch ein paarmal fortgesetzt werden.

Im Anschluss daran kann die Spielleitung die Kinder fragen, wann ihnen eine Umarmung von ihren Liebsten besonders gut tut.

Material

Handtrommel

28

Was sagt dein Bauchgefühl?

Die Kinder sitzen im Kreis auf dem Boden. Die Spielleitung setzt sich mit einen Ball zwischen zwei Kinder. Danach schildert sie den Kindern eine Situation, die entweder ein gutes oder ein schlechtes Bauchgefühl verursachen kann. Sie benennt namentlich ein Kind im Kreis, dem sie den Ball zuwirft und das sich dazu äußern darf. Falls jedoch irgendein Kind eine andere Meinung als das aufgerufene Kind vertritt, dann sollte kurz im Kreis darüber gesprochen werden. Unabhängig davon, wirft das Kind den Ball der Spielleitung zurück, die nun eine neue Situation schildert und ein weiteres Kind auswählt. Auf diese Weise geht das Spiel immer weiter, bis jedes Kind einmal an der Reihe gewesen ist.

Negative Beispiele

„Stell dir vor ...
- ... zwei Kinder schlagen sich gegenseitig."
- ... ein Kind, das nicht schwimmen kann, geht ohne Schwimmflügel in das Schwimmbecken."
- ... eine fremde Person spricht dich an und lädt dich zu sich nach Hause ein."

Positive Beispiele

„Stell dir vor ...
- ... ein Kind weint und wird von einem anderen getröstet."
- ... ein Kind teilt mit dir seine Spielsachen."
- ... du wirst zum Geburtstag von deinem besten Freund oder deiner besten Freundin eingeladen."

Material

Ball

Müde, schlapp und krank

Die Kinder sitzen im Kreis und machen zu dem Text, den die Spielleitung vorliest, die folgenden Bewegungen:

Müde und so schlapp bin ich.
Gerade jetzt trifft es mich.
sich an die Stirn fassen und so tun als, ob man Fieber hätte
So krank fühle ich mich.
Was tun? Frage ich dich!
gegenseitig aufeinander deuten

Im Anschluss daran überlegen die Kinder, was man tun kann, wenn man zum Beispiel Fieber, Husten, Halsschmerzen oder Bauchschmerzen hat und sich krank fühlt. Mögliche Antworten können sein: Tee trinken, schlafen, Medizin aus der Apotheke holen oder zum Arzt gehen.

Mithelfen und mitwirken

Zusammenarbeit

Die Kinder sitzen im Stuhlkreis. Die Spielleitung wählt drei bis vier Kinder aus, die sich in den Innenkreis stellen. Den betreffenden Kindern flüstert sie eine Tätigkeit ins Ohr, die im Team schneller und besser klappt, wie beispielsweise Geschirr abtrocknen. Dementsprechend stellen die betreffenden Kinder pantomimisch dar, wie sie gemeinsam Tassen, Teller & Co. abtrocknen. Die übrigen Kinder beobachten alles genau und sollen herausfinden, was die Kinder gerade machen. Sobald die Tätigkeit erraten wurde, tauschen die Kinder im Innenkreis ihren Platz mit jeweils einer anderen Gruppe im Stuhlkreis. Danach flüstert die Spielleitung den „neuen“ Kindern im Innenkreis eine andere Tätigkeit ins Ohr, wie zum Beispiel Spielsachen aufräumen oder einfach einen großen Esstisch von A nach B transportieren.
Auf diese Weise finden noch weitere Spielrunden statt.

Ich muss nicht alles können

Die Kinder sitzen im Kreis mit Ausnahme von einem, das sich in die Kreismitte stellt. Während nun alle zu der Melodie des bekannten Kinderliedes „Alle meine Entchen“ den geänderten Text singen, deutet das Kind bei jeder Silbe der Reihe nach im Uhrzeigersinn auf die einzelnen Kinder.

„Alle meine Kinder sitzen hier im Kreis, sitzen hier im Kreis.
Helfen sich so gerne. Sagen sich Bescheid!“

Dasjenige Kind, auf das als Letztes gedeutet wird, darf nun den anderen eine Situation mitteilen, bei der es schon einmal die Hilfe von anderen gut gebrauchen konnte oder sich einfach wünschen würde. Das kann zum Beispiel beim Lesen, Rechnen oder einfach beim Anziehen der Jacke sein. Sobald die beiden Kinder ihre Plätze getauscht haben, beginnt eine neue Spielrunde. Auf diese Weise finden noch ein paar Spielrunden statt.

Mithilfe im Haushalt

Das Spiel verläuft so ähnlich wie das altbekannte Spiel „Kofferpacken“. Die Kinder sitzen im Kreis. Im Gegensatz zu dem ursprünglichen Spiel sollen sie zunächst überlegen, wie sie im Haushalt mithelfen können. Wenn genügend Ideen zusammengetragen wurden, darf ein Kind den anderen Kindern eine Idee preisgeben, wie zum Beispiel Haustiere füttern. Dabei kann es so tun, als ob es beispielsweise einer Katze Futter geben würde. Dasjenige Kind, das links neben ihm im Stuhlkreis sitzt, wiederholt das Gesagte und fügt etwas Neues hinzu. Dabei macht es die dazu passenden Bewegungen. Auf diese Weise geht’s immer weiter, bis ein Kind das, was zuvor alles gesagt wurde, nicht wiederholen kann oder bis ihm einfach nichts mehr Neues zu diesem Thema einfällt. In beiden Fällen dürfen die anderen Kinder dann behilflich sein. Das Spiel ist beendet, sobald alle Kinder an der Reihe gewesen sind.

Beispiele

- Post aus dem Briefkasten holen
- Pflanzen gießen
- Abfall wegräumen
- Besteck in die Schublade räumen
- Sets auf den Tisch legen

Tisch eindecken

Alle Kinder sitzen im Kreis, in dessen Mitte die Spielleitung einen kleinen Tisch stellt. Zudem holt sie sich ein Frühstücksgedeck, das sie neben dem Tisch auf einer ausgebreiteten Decke platziert. Die Spielleitung ruft nun ein Kind auf und sagt dann laut: „Tischlein eindecken!“. Daraufhin läuft das Kind in Richtung Decke. Es schnappt sich zum Beispiel den Teller, den es wie üblich in der Nähe der Kante auf dem Tisch platziert. Danach tauscht es mit einem anderen Kind den Platz, das sich zum Beispiel das Messer mit der dumpfen Spitze nach unten nimmt und korrekterweise rechts neben dem Teller auf dem Tisch ablegt. Sollte ein Kind einen Fehler machen, greifen die anderen sofort ein. Wenn alle Sachen richtig angeordnet auf dem Tisch liegen, stoppt die Spielleitung die Zeit.
In der nächsten Runde verfolgen alle Kinder das ehrgeizige Ziel, den Frühstückstisch noch schneller richtig einzudecken.

Material

Frühstücksgedeck, bestehend aus Frühstücks- bzw. Dessertteller, Tasse, Untertasse, Kaffeelöffel, stumpfes Messer, Eierbecher, Serviette; Stoppuhr bzw. Uhr mit Sekundenzeiger

34

Ruckzuck aufgeräumt

Die Spielleitung teilt die Kinder in drei gleich große Teams ein.
Jedes Team ist für einen bestimmten Bereich zuständig. So kann zum Beispiel das erste Team alles aufräumen, was auf dem Boden liegt. Das zweite Team ist für die Sachen auf den Tischen zuständig, die es auch mit einem feuchten Tuch abwischen darf. Das dritte Team kann zum Beispiel falsch einsortiertes Spielzeug aus den Kisten und Schubladen nehmen und an seinen richtigen Platz bringen. Auf ein Kommando der Spielleitung geht's los. Welches Team wird seine Aufgabe wohl am schnellsten ordentlich erledigen?

Hinweis

Bei dieser Spielaktion sollte jedes Team möglichst gleich viel zu tun haben. Ansonsten kann die Spielleitung bei einer umfangreicheren Aufgabe eine größere Anzahl von Kindern für das dafür zuständige Team einteilen.

Füreinander da sein

Die Kinder bilden Paare, bevor sie in Richtung Garderobe gehen, um sich für draußen fertig zu machen. Auf los geht's los! Die Kinder sollen sich nun wettergerecht anziehen, indem sie ihre Hausschuhe ausziehen und ihre Straßenschuhe anziehen. Ferner können Jacken, Mützen & Co. dazukommen. Diejenigen Kinder, die ein Zweierteam bilden, helfen sich gegenseitig, falls erforderlich. Welches Zweierteam kann sich wohl am schnellsten wettergerecht anziehen?

Hinweis

Das Spiel kann stets durchgeführt werden, kurz bevor die Kinder nach draußen gehen. Dabei können jedes Mal neue Zweierteams gegeneinander antreten.

Winterkleidung-Staffel

Immer sechs Kinder bilden ein Team. Ein Kind aus jedem Team braucht zum Anziehen ein Paar Winterstiefel, eine Jacke, einen Schal, eine Mütze und ein paar Handschuhe. Die fünf Kleidungstücke von jedem Team werden in einer Reihe mit etwas Abstand zueinander auf den Boden gelegt. Danach bilden immer fünf Kinder vor dem ersten Kleidungsstück eine Schlange. Das übrige Kind aus jedem Team stellt sich direkt vor das letzte Kleidungsstück in der Reihe hin. Sobald der Startpfiff durch die Spielleitung erfolgt ist, laufen die ersten Kinder rasch im Slalom um die einzelnen Kleidungsstücke herum. Das letzte Kleidungsstück in der Reihe heben sie auf, um es demjenigen Kind, das nun vor ihnen steht, zum Anziehen zu übergeben. Danach laufen sie entlang der übrigen Kleidungstücke wieder zurück, um das vordere Kind abzuschlagen und sich hinter ihr Team zu stellen. Daraufhin laufen diejenigen Kinder los, die vorne stehen, und holen sich auf die gleiche Weise das nächste Kleidungsstück. Dasjenige Kind, das am schnellsten alle Kleidungsstücke erhalten und angezogen hat, verhilft seinem Team letztendlich zum Sieg.

Material

je Team: ein Paar Winterstiefel oder Straßenschuhe, Jacke, Mütze, Schal, ein Paar Handschuhe, Trillerpfeife

Quiz zur Mülltrennung

Die Tische werden kreisförmig angeordnet. Immer zwei Kinder holen sich eine gelbe, blaue, braune und schwarze Karte sowie einen Stift und ein Blatt Papier. Jedes Zweierteam setzt sich an einen Tisch. Danach erklärt die Spielleitung den Kindern, dass die Abfälle in der richtigen Tonne entsorgt werden müssen, damit die Rohstoffe aus den Abfällen wiederverwendet werden können. Sie stellt eine Kiste mit verschiedenen Dingen zum Entsorgen in die Kreismitte. Los geht's zum Beispiel mit einer Konservendose, die sie aus der Kiste holt und herzeigt. Die Zweierteams dürfen sich leise beratschlagen, in welche Tonne die Dose gehört.
Sobald die Spielleitung mit dem Glöckchen läutet, soll jedes Zweierteam eine Karte mit der dazu passenden Tonnenfarbe hochheben. Diejenigen Zweierteams, die in diesem Fall die gelbe Karte gewählt haben, dürfen einen Smiley auf ihr Papier zeichnen, bevor die Spielleitung als Nächstes beispielsweise ein Stück Papier aus der Kiste holt und herzeigt.
Wenn alle Sachen hergezeigt wurden, zählt jedes Zweierteam seine Smileys. Alle sind gespannt, wer von ihnen die meisten hat.

Beispiele

- für die gelbe Tonne: Konservendosen, Plastikbecher, Flaschen aus Kunststoff, ...
- für die blaue Tonne: Pappe, Krepppapier, Papierschnipsel, ...
- für die braune Tonne: Laub, Obst- und Gemüseschalen, ...
- für die schwarze Restmülltonne: Filzstifte, Behälter aus Styropor, Gummi, ...

Material

gelbe, blaue, braune und schwarze Karten, Stift, weißes Papier, Kiste mit Sachen zum Entsorgen, Glöckchen

Ein tolles Team

Die Kinder sitzen im Stuhlkreis und machen das folgende Fingerspiel, bei dem sie erfahren, wie man gut zusammenarbeiten kann. Passend zum Text bilden sie eine Faust und strecken ausgehend vom Daumen die einzelnen Finger aus. Mit der anderen Hand machen sie die dazu passenden Bewegungen:

Der Erste sagt: Mit dem Zuhören fängt es an.
eine Hand ans Ohr halten
Der Zweite sagt: Ideen austauschen, kommt dann.
mit dem Zeigefinger auf die Stirn tippen
Der Dritte sagt: Ein Ziel vereinbaren ist gut.
Daumen hoch
Der Vierte sagt: Miteinander handeln macht Mut.
Arme in die Luft strecken
Der Fünfte sagt: Wir sind füreinander da.
ringsherum auf die einzelnen Kinder deuten
Alle Fünf sagen: Wir sind ein tolles Team! Ja!
Daumen hoch

Sortiermaschine

Dieses Spiel eignet sich besonders gut, wenn viele Sachen falsch einsortiert wurden und richtig aufgeräumt werden sollen. Die Spielleitung verteilt auf einem Tisch jede Menge Spielzeug, das nicht richtig einsortiert wurde. Die Kinder erhalten für jede Spielzeugart eine Materialschale. Wie lange wird es wohl dauern, bis sich in jeder Schale eine bestimmte Spielzeugart befindet? Drei, vier oder gar zehn Minuten? Die Kinder gegeben einen Tipp ab und einigen sich zum Beispiel auf fünf Minuten. Auf los geht's los! Die Kinder dürfen nun zum Beispiel alle Holzperlen, Bauklötze & Co. in jeweils eine Schale legen. Die Spielleitung stoppt die Zeit, sobald sich alle Sachen in den Schalen befinden. Anschließend kontrollieren alle zusammen, ob die Spielsachen richtig einsortiert wurden. Liegt ein Spielzeug in einer falschen Schale, verlängert sich die gestoppte Spielzeit um eine Sekunde.

Material

Stoppuhr bzw. Uhr mit Sekundenzeiger

Wie lange noch?

Morgenroutine

Die Kinder sitzen im Stuhlkreis und tun so, als würden sie schlafen. Die Spielleitung stellt die Eieruhr so ein, dass diese nach einer Minute klingelt. Die Kinder recken und strecken sich, gähnen und stehen schließlich auf. Danach bittet die Spielleitung die Kinder, so zu tun, als ob sie ihre Zähne putzen würden. Wie lange braucht man dazu? Zwei oder gar drei Minuten? Jedes Kind erhält von der Spielleitung einen Zettel und schreibt die Zeit auf, die es seiner Meinung nach zum Zähneputzen benötigt.
Auf diese Weise kann das Spiel mit dem Duschen, Anziehen, Frühstücken und dem Packen der Brotdose fortgesetzt werden. Im Anschluss daran rechnen die Kinder (ggfs mit Hilfe der Spielleitung) die Zeit zusammen, die sie für die einzelnen Tätigkeiten morgens brauchen. Ziel ist es, dass die Kinder ein Gespür für die Zeit bekommen, die sie für diverse Tätigkeiten brauchen und dementsprechend auch morgens vielleicht früher aufstehen.

Material

Eieruhr, Zettel, Stifte

Uhrzeit lesen – volle Stunde

Die Kinder sitzen im Kreis. Die Spielleitung holt sich eine analoge Uhr und setzt sich dazu. Sie erklärt den Kindern, dass eine analoge Uhr ein Zeitmessgerät ist, das aus einem Zifferblatt und jeweils einem beweglichen kurzen Stundenzeiger und einen längeren Minutenzeiger besteht, die sich stets im Uhrzeigersinn drehen. Manche Uhren haben noch einen Sekundenzeiger. Wer eine volle Stunde einstellen möchte, beginnt mit dem Stundenzeiger, der auf eine Zahl von 1 bis 12 zeigt. Der Minutenzeiger steht immer ganz oben auf der Zwölf.
Damit die Kinder nun die Uhr lesen lernen, geht die Spielleitung mit der Uhr in der Hand links im Kreis herum. Währenddessen singen alle einstimmig den Uhrenkanon „Große Uhren machen tick tack" von Karl Karow:

Große Uhren machen tick tack, tick tack.
Kleine Uhren machen ticke, tacke, ticke, tacke.
Und die kleinen Taschenuhren ticke, tacke, ticke, tacke, ticke, tacke, tick.

Dasjenige Kind, bei dem die Spielleitung anhält, erhält die Uhr und darf eine volle Stunde einstellen. Wer weiß, wie spät es nun ist? Eines von denjenigen Kindern, das die Uhrzeit richtig ablesen konnte, startet im Innenkreis eine neue Spielrunde, sobald alle wieder anfangen zu singen.
Auf diese Weise können die Kinder auch eine halbe Stunde einstellen. Dabei steht der Stundenzeiger zwischen zwei Zahlen. Der Minutenzeiger zeigt immer nach unten auf die Sechs.

Material

Lernuhr bzw. analoge Uhr

Morgens früh um sechs

Eines von den Kindern im Stuhlkreis erhält von der Spielleitung die analoge Uhr, die es auf 6.00 Uhr stellt. Danach sagen alle den Text des traditionellen Volkslieds „Morgens früh um sechs“ auf:

Morgens früh um sechs
kommt die kleine Hex’.
Morgens früh um sieben
schabt sie gelbe Rüben.
Morgens früh um acht
wird Kaffee gemacht.
Morgens früh um neun
geht sie in die Scheun’.
Morgens früh um zehn
holt sie Holz und Spän’.
Feuert an um elf,
kocht dann bis um zwölf.
Fröschebein und Krebs und Fisch,
hurtig Kinder, kommt zu Tisch.

Während die Kinder mit Hilfe der Spielleitung den Text aufsagen, wandert die Uhr von Hand zu Hand im Uhrzeigersinn herum. Dabei darf immer dasjenige

Kind, das die Uhr gerade in der Hand hält, die zum Text passende Uhrzeit einstellen. Die übrigen Kinder strecken je nach eingestellter Uhrzeit die gleiche Anzahl von Fingern aus.

Material

Lernuhr bzw. eine analoge Uhr

43

Eine Minute lang

Die Kinder bilden einen großzügigen Kreis und schauen auf die Sanduhr, die die Spielleitung umdreht. Wenn der Sand nach einer Minute durchgerieselt ist, stemmen sie ihre Hände in die Hüfte. Sobald das Startkommando durch die Spielleitung erfolgt, drehen sich die Kinder langsam um die eigene Achse. Sie sollen jedoch nach einer Minute aufhören, sich zu drehen. Wer verfügt wohl über ein gutes Zeitgefühl? Die Spielleitung sagt „Stopp!“, wenn die Minute abgelaufen ist.
Auf diese Weise kann das Spiel noch ein- bis zweimal wiederholt werden.

Material

Sanduhr (1 Minute), Stoppuhr bzw. Uhr mit Sekundenzeiger

Zeit erleben

Die Kinder laufen auf einem überschaubaren Spielfeld herum. Nach zehn Sekunden pfeift die Spielleitung. Die Kinder bleiben sofort stehen und zählen bis zehn, bevor sie weiterlaufen. Danach pfeift die Spielleitung nach zwanzig Sekunden. Die Kinder bleiben abermals stehen und zählen bis zwanzig, bevor sie weiterlaufen. Die Spielleitung pfeift ein drittes Mal nach dreißig Sekunden. Die Kinder halten wieder an und zählen bis dreißig.
Im Anschluss daran lässt die Spielleitung die Kinder zehn, zwanzig oder gar dreißig Sekunden laufen, bevor sie pfeift. Die Kinder bleiben stehen und sollen schätzen, wie viele Sekunden sie gelaufen sind. Die Spielleitung teilt dann den Kindern die Laufzeit mit, bevor sie wieder weiterlaufen. Auf diese Weise finden noch ein paar Laufrunden statt.

Material

Stoppuhr bzw. Uhr mit Sekundenzeiger, Trillerpfeife

Wer hat ein gutes Zeitgefühl?

Die Kinder stehen hintereinander im Kreis und sollen einmal im Kreis herum auf einem Bein hüpfen. Dabei sollen sie lernen, die dafür benötige Zeit einzuschätzen, und vor Spielbeginn einen entsprechenden Tipp abgeben. Sobald sich alle Kinder wieder auf ihrem Ausgangsplatz befinden, stoppt die Spielleitung die Zeit.

Eines von denjenigen Kindern, die besonders gut die Spielzeit einschätzen konnten, darf für die nächste Spielrunde eine neue Bewegungsart benennen, beispielsweise auf allen vieren krabbeln.

Auf die gleiche Weise können noch ein paar Spielrunden zum realistischen Einschätzen der Spielzeit folgen.

Material

Stoppuhr bzw. Uhr mit Sekundenzeiger

47

Sekundenschnell

Alle Kinder bis auf eines sitzen auf Stühlen im Kreis. Das übrige Kind stellt sich in die Kreismitte, ballt eine Hand zur Faust und streckt – beginnend mit dem Daumen – die einzelnen Finger in die Luft. Danach sagt das Kind laut:

„In maximal fünf Sekunden geht's los!
Wer von uns bleibt nun wohl ohne Stuhl bloß?"

Danach zählt das Kind von eins bis fünf, bevor es „Und los!" ruft. Daraufhin wechseln alle rasch ihre Plätze. Dabei darf auch das Kind in der Mitte so schnell wie möglichst einen freien Platz ergattern. Dasjenige Kind, das ohne Stuhl bleibt, stellt sich nun in die Kreismitte und wiederholt von dort aus das Spiel mit dem gleichen Spruch. Auf diese Weise finden noch ein paar Spielrunden statt.

Wochentage

Die Kinder sitzen im Kreis und führen das folgende Fingerspiel durch.

Der Erste sagt: Am Montag fängt die Woche an.
eine Faust bilden und den Daumen ...
Der Zweite sagt: Der Dienstag ist als Zweiter dran.
den Zeigefinger ...
Der Dritte sagt: Der Mittwoch teilt die Woche dann.
den Mittelfinger ...
Der Vierte sagt: Der Donnerstag ist als Vierter dran.
den Ringfinger ...
Der Fünfte sagt: Der Freitag kommt als Fünfter an.
den kleinen Finger hochheben
Der Sechste sagt: Der Samstag ist als Sechster dran.
zweite Hand zur Faust ballen und erst den Daumen
Der Siebte sagt:
Am Sonntag ruhen sich viele von uns aus und
bleiben am siebten Tag auch mal zu Haus'.
und schließlich den Zeigefinger ausstrecken

Mein Geburtstagsmonat

Die Spielleitung holt sich einen Kalender und setzt sich in den Kreis zu den Kindern. Danach sagen alle laut:

„Zwölf Monate hat das Kalenderjahr und nicht mehr.
Wer im Januar Geburtstag hat, kommt bitte jetzt her!“

Während die Spielleitung nun das erste Kalenderblatt herzeigt, dürfen alle Kinder, die im Januar geboren sind, kurz in den Innenkreis treten. Danach setzen sich die betreffenden Kinder wieder auf ihren Platz.
Auf diese Weise kommen auch die übrigen elf Monate an die Reihe.

Material

großer Kalender, am besten mit Landschaftsbildern

Vier Jahreszeiten

Die Spielleitung erklärt den Kindern, dass es vier Jahreszeiten gibt und jede einzelne etwa drei Monate dauert. Sie bringen Veränderungen in der Natur mit sich, die sich die Kinder nun etwas näher anschauen sollen. Dazu übergibt die Spielleitung einem beliebigen Kind ein Frühlingsbild, auf dem zum Beispiel Narzissen, Krokusse oder Tulpen abgebildet sind. Während nun alle das altbekannte Lied „Es war eine Mutter, die hatte vier Kinder" singen, reichen sie das Frühlingsbild von Hand zu Hand links im Kreis herum.

Es war eine Mutter, die hatte vier Kinder,
den Frühling, den Sommer, den Herbst und den Winter!
Der Frühling bringt Blumen, der Sommer den Klee,
der Herbst bringt die Trauben, der Winter den Schnee.

Dasjenige Kind, das als Letztes das Bild erhält, darf passend zu dem Motiv die dazugehörige Jahreszeit benennen. Bestimmt fallen den Kindern auch noch viele schöne Dinge ein, die zum Frühling passen, der Zeit des Aufbruchs und der Veränderungen. Wenn genügend Sachen aufgezählt wurden, geht die Spiel-

runde weiter mit dem Sommerbild, auf dem der Klee zu sehen ist.
Das Spiel ist beendet, sobald alle vier Jahreszeiten besungen und besprochen wurden.

Material

vier illustrierte Bilder (passend zu den Jahreszeiten und dem Lied „Es war eine Mutter, die hatte vier Kinder“)

50

Don Bosco MiniSpielothek
Klein, fein, alles drin

ISBN 978-3-7698-2572-5

ISBN 978-3-7698-2573-2

ISBN 978-3-7698-2569-5

ISBN 978-3-7698-2565-7

ISBN 978-3-7698-2558-9

ISBN 978-3-7698-2559-6

ISBN 978-3-7698-2556-5

ISBN 978-3-7698-2555-8

ISBN 978-3-7698-2546-6

ISBN 978-3-7698-2545-9

ISBN 978-3-7698-2540-4

ISBN 978-3-7698-2539-8

ISBN 978-3-7698-2521-3

ISBN 978-3-7698-2520-6

ISBN 978-3-7698-2510-7

ISBN 978-3-7698-2509-1

ISBN 978-3-7698-2503-9

ISBN 978-3-7698-2498-8

ISBN 978-3-7698-2497-1

ISBN 978-3-7698-2466-7

ISBN 978-3-7698-2465-0

ISBN 978-3-7698-2450-6

ISBN 978-3-7698-2449-0

ISBN 978-3-7698-2400-1

ISBN 978-3-7698-2398-1

ISBN 978-3-7698-2397-4

ISBN 978-3-7698-2376-9